Christian H. Becker

Echtzeiterweiterungen in UML 2.0 und UML-RT

GRIN - Verlag für akademische Texte

Der GRIN Verlag mit Sitz in München und Ravensburg hat sich seit der Gründung im Jahr 1998 auf die Veröffentlichung akademischer Texte spezialisiert.

Die Verlagswebseite http://www.grin.com/ ist für Studenten, Hochschullehrer und andere Akademiker die ideale Plattform, ihre Fachaufsätze und Studien-, Seminar-, Diplom- oder Doktorarbeiten einem breiten Publikum zu präsentieren.

Dokument Nr. V25127 aus dem GRIN Verlagsprogramm

Christian H. Becker

Echtzeiterweiterungen in UML 2.0 und UML-RT

GRIN Verlag

Bibliografische Information Der Deutschen Bibliothek: Die Deutsche
Bibliothek verzeichnet diese Publikation in der Deutschen Nationalbibliogra-
fie; detaillierte bibliografische Daten sind im Internet über http://dnb.ddb.de/
abrufbar.

1. Auflage 2004
Copyright © 2004 GRIN Verlag
http://www.grin.com/
Druck und Bindung: Books on Demand GmbH, Norderstedt Germany
ISBN 978-3-638-90984-6

Ausarbeitung:
Echtzeiterweiterungen in UML 2.0
und UML-RT

Liste V Embedded Systems

Von Christian H. Becker

Matr.Nr. 134790

christian.h.becker@t-online.de

Einführung:

Im folgenden Dokument, das im Rahmen der Lehrveranstaltung Embedded Systems an der Fachhochschule in Wiesbaden entstanden ist, gehe ich auf die Echtzeiterweiterungen in UML 2.0 bzw. UML-RT ein. Es ist von Vorteil wenn sie mit UML vertraut sind, da sich das Verstehen sonst teilweise etwas kompliziert darstellt.

Das Dokument ist zweigeteilt zu betrachten.
Zum ersten sind ca. zwanzig Seiten, die sich mit den Erweiterungen und Notationen für UML beschäftigen wie z.B. neue Notationen für das Sequenzdiagramm oder aber auch den vollkommen neuen Diagrammtypen des Timingdiagramms. Im Anschluss daran habe ich die bisher in UML-RT verwendeten Erweiterungen mit ihren neuen Gegenstücken in UML 2.0 verglichen und gehe noch kurz auf den Mechanismus der Profiles und im Speziellen auf das Profile for Schedulability, Performance, and Time ein.
Im zweiten Teil des Dokuments sind sämtliche Stereotypen, die als Erweiterungen für UML im Profile for Schedulability, Performance, and Time sind aufgelistet.

Inhaltsverzeichnis:

Sequenzdiagramm:

Das aus UML 1.x bereits bekannte Sequenzdiagramm wurde um Notationen erweitert, die es einem ermöglichen zeitliche Aspekte im Diagramm zu modellieren. Diese Erweiterung ist nicht extra für Echtzeitanwendungen gedacht bietet jedoch eine Möglichkeit einige Anforderungen darzustellen. Bei den Erweiterungen handelt es sich um vier an der Zahl.

1) Duration Observation
2) Duration Constraint
3) Time Observation
4) Time Constraint

Duration Observation:

Diese Notation wird verwendet um eine Dauer zu überwachen / messen. Das bedeutet man kann damit die Dauer der Übertragung einer Nachricht messen / überwachen. Diese Dauer wird im Bild unten mit „d" gekennzeichnet.

Duration Constraint:

Mit dieser Notation wird eine einzuhaltende Zeitspanne vorgegeben. Damit will ich sagen, dass wie im Bild unten der Vorgang zwischen „d" und maximal „3*d" abgeschlossen sein muss. Mit Vorgang ist alles zwischen den Markierungen gemeint.

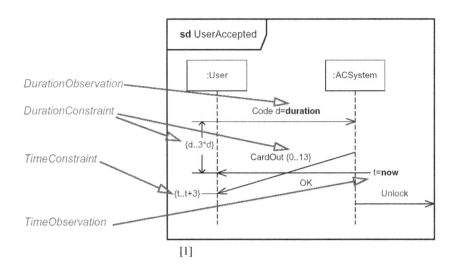

[1]

Time Observation:

Diese Notation wird verwendet, um von einem Zeitpunkt „t" aus den zeitlichen Verlauf zu überwachen. Beim Bild oben wird damit ein Zeitpunkt „t" bestimmt ab dem der zeitliche Verlauf überwacht wird.

Time Constraint:

Diese Notation wird verwendet, um eine Zeitspanne zu definieren die ab dem Zeitpunkt „t" eingehalten werden muss. Im Bild ist dies frühestens „t" und spätestens „t+3" wobei mit „3" drei Zeiteinheiten gemeint sind.

Auf die Standardnotationen gehe ich hier nicht ein, da diese aus UML 1.X bekannt sein sollten.

Timingdiagramm:

Das Timingdiagramm ist ein Diagrammtyp der in UML 2.0 erstmals verwendet wird. Es stammt aus dem Elektro-Ingenieurwesen und dient dazu das Verhalten einer Instanz im zeitlichen Verlauf zu sehen. Die im Kapitel Sequenzdiagramm erklärten Notationen wie Duration Constraint, Time Observation, Duration Observation und Time Constraint können auch hier verwendet werden. Zur genaueren Erläuterung bitte ich sie in diesem Kapitel nachzulesen. Ein Timingdiagramm kann in drei Formen dargestellt werden.

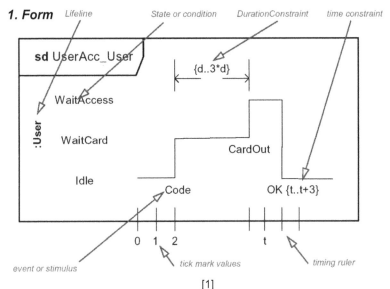

[1]

Das Diagramm oben zeigt eine Instanz der Klasse User mit den Zuständen Idle, WaitCard und WaitAccess. Dadurch wird auch ein weiterer Unterschied zum Sequenzdiagramm deutlich, nämlich das Anzeigen von Zuständen. Die tick mark values und der timing ruler sind Notationen um den zeitlichen Verlauf einzuteilen, darzustellen und Zeitmarken zu setzen. Die Bezeichner Code, CardOut und OK sind Messages, wie im Sequenzdiagramm.

2. Form

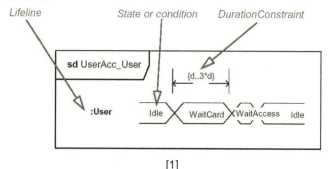

[1]

Diese Darstellungsform wird verwendet um Nachrichtenlose Zustandsübergänge auch mit Zeitverlauf darzustellen. Die Zustände werden im inneren der Lifeline gezeichnet und das Kreuzen der beiden Außenlinien zeigt eine Zustandsänderung der Instanz an.

3. Form

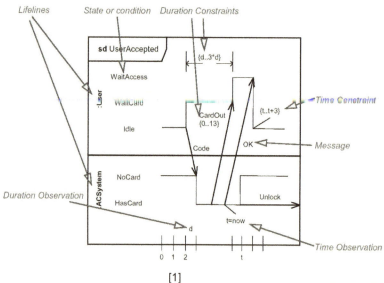

[1]

Diese Form ist eigentlich identisch mit der 1. allerdings zeigt sie zwei Klassen im Verhalten zueinander.

Notationen:

Frame

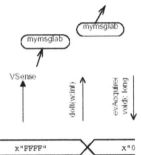

Nachrichten Beschriftung

Nachrichten

Allgemeine Wertelebenslinie

Allgemeiner Befehl

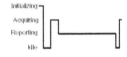

Zustand oder Bedingungs Lebenslinie

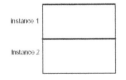

Lifeline

Stop

Die Grafiken auf dieser Seite sind alle von [1]

christian.h.becker@t-online.de

Vergleich UML – RT in UML 2.0:

Auf den folgenden Seiten werde ich die Echtzeiterweiterung UML-RT kurz erläutern und anschließend aufzeigen, wie diese in UML 2.0 umgesetzt wurden.

UML-RT:

UML-RT wurde 1999 erstmals in UML 1.1 eingebracht. Nicht in der Standartnotation sondern als Erweiterung. Alle in diesem Teil erklärten Notationen sind in UML-RT definiert. UML-RT wurde verwendet um UML zur Echtzeitmodellierung verwenden zu können. Die Definitionen wurden größtenteils von ROOM übernommen. Daher stammt auch der Name UML-RT, welcher vom Tool ROSE-RT abgeleitet wurde.

Capsules

Jede Capsule repräsentiert ein potentiell aktives Objekt, welches entweder für sich alleine stehen kann oder aber stark hierarchisch in Subcapsules gekapselt ist. Bei einer solchen Schachtelung delegiert die Muttercapsule sozusagen die Subcapsules. Die Kommunikation zwischen Capsules, egal ob Extern oder Intern, geschieht ausschließlich durch gepufferten asynchronen Nachrichtenaustausch der über Ports geschieht. Sollte der Port beim eintreffen einer Nachricht gerade blockiert sein, wird diese in einer Queue gespeichert bis sie bearbeitet werden kann. Das Verhalten einer Capsule wird mittels eines Statecharts definiert. Der aus ROOM bekannte Name Actor wurde in UML-RT nicht verwendet, da es zu Konflikten mit dem im Use Case Modell verwendeten Actor geführt hätte.

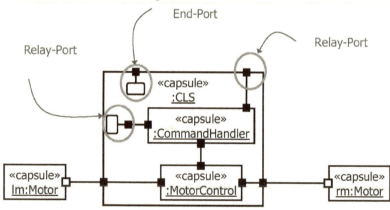

[4]

Die Grafik zeigt eine Capsule CLS mit den Subcapsules CommandHandler und MotorControl, die über Ports mit der Muttercapsule oder anderen

Externen Capsules verbunden sind. Auf die Port Typen gehe ich in der Erläuterung Ports ein.

Ports:

Ports sind wie im Kapitel Capsules beschrieben der Kommunikationsweg der Capsule. Obwohl jede Capsule mehrere Ports haben kann, kann ein Port nur ausschließlich zu einer Capsule gehören. Der Port erwartet und versendet die Signale nach einem fest definierten Protokoll. Darauf wird im Kapitel Protokoll eingegangen. Es gibt zwei Arten von Ports und zwar die Relay Ports und die End Ports.

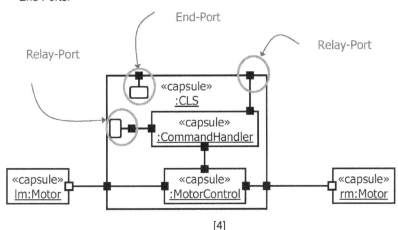

[4]

Die Grafik zeigt wo der Unterschied zwischen den beiden Porttypen ist. Während der End Port zur Kommunikation mit der Capsule zu der er gehört dient, wird der Relay Port dazu verwendet die Nachrichten an Subcapsules weiterzuleiten oder umgekehrt. Dadurch kann die Subcapsule ihrerseits mit der Muttercapsule kommunizieren.

Connectoren:

Connectoren sind der definierte Übermittlungsweg für Nachrichten zwischen Ports. Ports die nicht über Connectoren miteinander verbunden sind können auch nicht miteinander kommunizieren.

Protokolle:

Das Protokoll ist eine unabhängige Einheit die einem Port zwar zugeteilt sein muss aber in einem System mehrmals verwendet werden kann. In einem Protokoll sind die Eingangs- und Ausgangssignale definiert, die dieser Port sendet bzw. erwartet. Sollte an einem Port ein nicht definiertes Signal ankommen, kann dieser dieses nicht verarbeiten. Das Protokoll am Ende eines Connectors muss also das invertierte Protokoll dessen am anderen Ende sein. Ein invertierter Port bzw. ein Port mit invertiertem Protokoll ist im Bild oben in weiß gehalten, während der Gegenport in schwarz dargestellt wird.

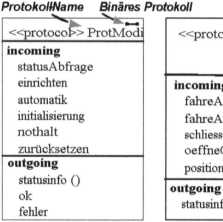
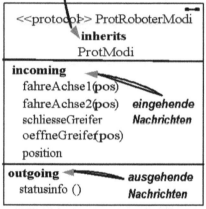

[2]

Die Grafik zeigt ein binäres Protokoll mit dem Namen ProtModi. Die erlaubten Eingangssignale sind in der incoming Sektion beschrieben und die Ausgangssignale in der Sektion outgoing. Rechts neben dem Protokoll ist ein anderes Protokoll namens ProtRoboterModi welches vom Protokoll ProtModi erbt.

Statecharts:

Das Verhalten von Capsules wird in Statecharts beschrieben. Diese sollten weitestgehend bekannt sein. Am Ende des Kapitels UML 2.0 gehe ich jedoch nochmals näher darauf ein.

UML 2.0 :

UML 2.0 ist ein von der OMG zurzeit noch nicht verabschiedeter Draft, der allerdings für das erste Quartal 2004 angekündigt ist. Die Informationen in diesem Abschnitt stützen sich in erster Linie auf den UML 2.0 Superstructure Draft der unter www.omg.org zu beziehen ist.

Komponenten:

Die Komponenten in UML 2.0 entsprechen den Capsules in UML-RT. Es handelt sich dabei um Klassen die auch aktiv sein können. Auch bei Komponenten gibt es die Möglichkeit sie hierarchisch zu verschachteln wo die Signale über Connectors oder Interfaces zu den Unterkomponenten delegiert werden. Die Funktionalität von Komponenten ist weitaus größer als die von Capsules allerdings findet dies im Themengebiet Echtzeit keine Anwendung.

Die Grafik zeigt die für Komponenten vorgesehene Notation. Entweder mit Französischen Anführungszeichen oder mit dem Symbol in der rechten oberen Ecke. Mir sind im Laufe meiner Recherche auch einige Varianten mit beiden gleichzeitig begegnet.

[1]

Ports

Wie bei UML-RT gibt es auch in UML 2.0 Ports. Allerdings ist es hier nicht so,

dass der Port den einzigen Kommunikationsweg der Komponente darstellt. Eine Komponente kann auch direkt mit einem Interface verbunden sein oder auch mit einem Connector. Jedoch gilt hier, dass ein Port nur genau einer Komponente gehört. Es

gibt auch in UML

[1]

2.0 drei verschiedene Arten von Ports. Erstens die Standard Ports, zweitens die komplexen Ports und drittens die behave Ports. Der Standard Port (links mit Interface) der sowohl eine Eingangsqueue als auch einen Ausgang hat, kann mit Interfaces verbunden werden oder

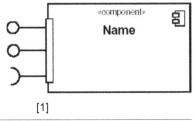

[1]

auch mit Connectoren. Die zweite Art der Ports ist der komplexe Port (rechts mit drei Interfaces). Dieser hat die Möglichkeit mehrere Interfaces gleichzeitig zu versorgen. Im Normalfall hat ein Port nur ein Eingangs- und ein Ausgangsinterface. Die dritte und letzte Art der Ports ist der behave Port. Dieser Port gehört der Komponente selbst an, in der er modelliert wird. Zum Beispiel die Komponente X kommuniziert mit der Komponente Y über den Connector XbiY. Um dies darzustellen wird in einem Architekturdiagramm eine Komponente Y modelliert. Auf der anderen Seite wird nur ein behave Port modelliert, da das Diagramm der Komponente X angehängt ist.

Connectoren:

Connectoren übertragen die Signale zwischen den Ports und zeigen damit die Kommunikationswege der Komponente. Connectoren können sowohl uni- als auch bidirektional sein. Dies wird durch Pfeile am Ende der Connectoren entweder in Flussrichtung oder entgegengesetzt gekennzeichnet. Die Grafik rechts zeigt einen bidirektionalen Connector CtrlbiHw, der die

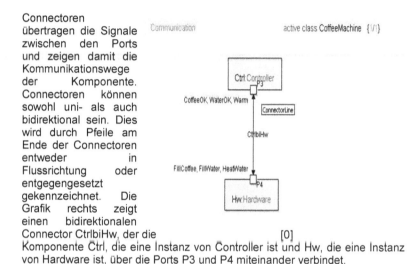

[0]

Komponente Ctrl, die eine Instanz von Controller ist und Hw, die eine Instanz von Hardware ist, über die Ports P3 und P4 miteinander verbindet.

Signale:

Signale werden über Connectoren oder Interfaces an Ports bzw. deren Komponente übermittelt. Signale werden in einem Signaldiagramm definiert und können anschließend innerhalb des Systems beliebig oft an verschiedenen Stellen wieder verwendet werden. Signale können Parameter haben die im Signaldiagramm definiert sein müssen.

Interfaces:

Interfaces sind Schnittstellen zu Bedienern oder Sensoren oder auch zu anderen Interfaces. Sollte ein Interface direkt mit einem anderen verbunden sein nennt man das Assembly Connector. Es versteht sich natürlich, dass dafür die beiden Interfaces von unterschiedlichem Typ sein müssen. Es gibt nämlich zwei Arten von Interfaces. Erstens das Requires Interface, welches Nachrichten versendet und zweitens Realises Interface, welches Nachrichten empfängt. In der Grafik ist das Requires Interface das Interface ToUser und das Realises Interface das Interface FromUser. Die Interfaces werden auch im

[0]

Signaldiagramm definiert und es können mit ihnen einige Signale zusammengefasst werden. Das bedeutet wenn mein System zwei Signale hat die nur zum Benutzer gesendet werden z.b. Status und CurrentTemperature so können diese im Interface ToUser gebündelt werden. Danach werden Sie als ToUser::Status und ToUser::CurrentTemperatur geführt, um ihre Zugehörigkeit zum Interface darzustellen.

Statecharts:

Statecharts werden verwendet um das Verhalten einer Komponente darzustellen. In diesen werden Zustandsübergänge aufgrund von eingehenden Nachrichten modelliert. Da das Statechart schon seit längerem existiert und nichts UML 2.0 spezifisches ist möchte ich hier nur noch kurz erwähnen, dass in UML 2.0 Zustandsübergänge auch aufgrund von Timern eintreten können. Dazu habe ich ein Diagramm ausgewählt in dem ein Übergang wegen eines Timers geschieht. Als erstes sieht man wie ein Signal StartFl() eingeht. Dieses Signal transportiert zudem noch einen Integer Wert mit Namen flowRate. Anschließend wird der Timer (FlowTimer) gesetzt und der Thread geht in den Zustand Flowing. Diesen Zustand kann er nur verlassen wenn entweder der Timer abläuft oder das Signal StopFl() eingeht. Sollte der Timer ablaufen wird er erneut gesetzt und auf den aktuellen Füllstand wird der oben übergebene Wert flowRate addiert. Sollte jedoch das Signal StopFl() eingehen, wird der Timer resetet und der Thread ist wieder im Zustand Idle.

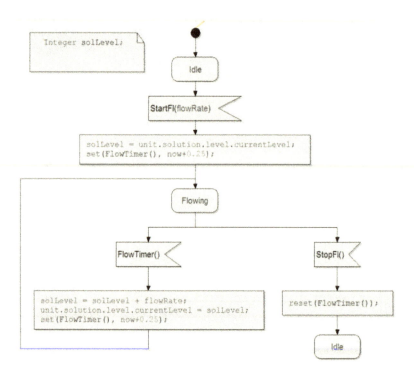

Profiles:

Profiles dienen in der UML zur Erweiterung der Semantik. Bei gleich
bleibender Syntax werden die Ausdrücke lediglich um einige erweitert. Bei den
Erweiterungen handelt es sich immer um Stereotypen und Tagged Values.
Dieser Technik hat sich die OMG auch bedient, um eine Vielzahl von
Erweiterungen, die der Modellierung von Echtzeitsystemen dienen,
darzustellen.

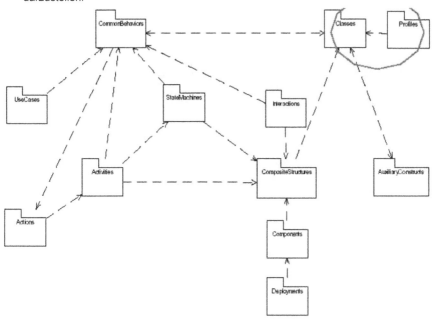

[Aus der UML 2.0 Infrastructure Specification]

Die Grafik zeigt die Top Level Package Struktur der UML 2.0 Struktur. In Rot
ist das Verhältnis der Profiles zu selbiger umrandet.

Profile for Schedulability, Performance and Time:

Das wichtigste Profile für Echtzeitsysteme ist das Profile for Schedulability, Performance and Time, welches derzeit als Draft in der Version 1.0 bei der OMG verfügbar ist. Zur besseren Übersicht gehe ich auf den folgenden Seiten auf alle im Profile erwähnten Stereotypen kurz ein.

An dieser Stelle jedoch möchte ich zuerst einmal auf den Aufbau des Profiles eingehen.

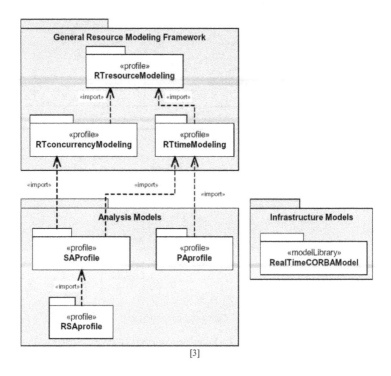

[3]

Wie die Grafik zeigt teilt sich das Profile zunächst einmal in 3 grundlegende Kategorien auf. Als erste Ebene des Profiles steht das General Resource Modeling Framework, das eine gemeinsame Basis für alle Analyse Unterprofile darstellt. Sollten in Zukunft noch weiter Profile die mit anderen QoS Typen wie z.B. Fehlertoleranz, Erreichbarkeit und Sicherheit dazukommen, brauchen sich diese nur aus einem bestimmten Teil des Profiles zu bedienen.

Das General Resource Modell selbst besteht aus drei Unterprofilen. Das elementarste davon ist das Resource Modeling Unterprofil, welches das

Basiskonzept für Ressourcen und QoS darstellt. Weil „concurrency" und „time" Teile des Kerns sind habe sie auch separate Unterprofile. Die drei verschiedenen Model Analyse Profile basieren alle auf dem General Resource Modeling Framework. Die Unterprofile teilen sich in die Bereiche Performance, Schedulability und Real Time CORBA applications auf. Das letzte handhabt insbesondere die Planbarkeit von Echtzeit CORBA Anwendungen. Zusätzlich wurde an das Profile noch eine Bibliothek angehängt, die ein UML Echtzeit CORBA Model der höchsten Ebene enthält, Damit es für Komplexe Modelle verwendet werden kann. Im diesen Modellen ist es häufig von Nöten, nicht nur die Anwendung zu modellieren sondern auch die Infrastruktur, die diese unterstützt. In diesem Fall die CORBA Echtzeit Infrastruktur .

Der modulare Aufbau des Profiles erlaubt jedem Benutzer genau das Unterprofil zu benutzen, das er benötigt. Zu berücksichtigen ist natürlich, dass er auch die Profile verwenden muss die das Gewählte einschließt. Zum Beispiel wenn der Benutzer an Performance Analyse interessiert ist, muss er die Profile „PAprofile", „RTtimeModeling" und „RTresourceModeling" wählen.

Das Profile basiert auf den Erweiterungsmechanismen die in der UML Version 1.4 definiert sind. Beide Spezifikationen nämlich Stereotypen und Tags werden in der folgenden tabellarischen Form angegeben.

Stereotype	Base Class	Tags
«RTstimulus»	Stimulus	RTstart
	ActionExecution	RTend
	Action	
	ActionSequence	
	Method	

[3]

Die Grafik zeigt eine Tabelle, die wiederum die Definitionen für den Stereotypen <<RTstimulus>> enthält, welcher an einer der fünf UML Konzepte (Stimulus, ActionExecution, Action, ActionSequence and Method) oder einer ihrer Unterklassen angewandt werden kann. Der Stereotyp hat zwei Tags (RTstart und RTend) die in einer separaten Tabelle definiert sind.

Tag	Type	Multiplicity	Domain Attribute Name
RTstart	RTtimeValue	[0..1]	TimedStimulus::start
RTend	RTtimeValue	[0..1]	TimedStimulus::end

[3]

Diese Grafik zeigt eine Tabelle, die die Tags typisiert. In diesem Beispiel sind die Tags beide Instanzen des RTtimeValue Datentyps. Jeder Tag hat auch

eine Spalte Multiplicity, die anzeigt wie viele unterschiedliche Werte jedem Tag zugewiesen werden können.
Eine untere Grenze von null deutet an, dass der Wert optional ist d.h. das der Tag auch ohne Wert stehen kann. Eine Obergrenze von * bedeutet das es endlos viele sein können. Der Domain Attribute Name weist auf das Gegenstück im Anwendungsmodell hin. In der Beispieltabelle zeigt TimedStimulus::start an, dass der RTstart Tag vom start Attribut des TimedStimulus Konzepts im Anwendungsmodell abgeleitet ist.

Da ich in dieser Zusammenfassung nicht auf das Anwendungsmodell eingehe habe ich hier zum besseren Verständnis die zum Tag Beispiel gehörende Grafik aus dem Anwendungsmodell angefügt.

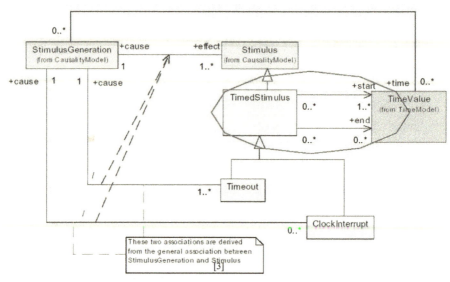

Auf den folgenden Seiten werde ich immer diese oben gezeigten Tabellen auflisten und vorher kurz ihre Anwendung erklären.

RTresourceModeling:

<<GRMacquire>>

GRMacquire ist ein Stereotyp, der die Ausführung einer Operation, welche eine Ressource akquiriert darstellt.

Stereotype	Base Class	Tags
«GRMacquire»	Stimulus	GRMblocking GRMexclServ
	Message	
	ActionExecution	
	Action	
	Operation	
	Reception	
	Method	
	ActionState	
	Transition	
	SubactivityState	

[3]

Die zu diesem Stereotyp gehörenden Tags sind:

Tag	Type	Multiplicity	Domain Attribute Name
GRMblocking	Boolean	[0..1]	AcquireService.:isBlocking
GRMexclServ	Reference to an Action, ActionExecution, Operation, Method, ActionState, or SubactivityState	[0..1]	AcquireService:: exclusiveService
	If the stereotyped model element is a Stimulus or Message then this value can be deduced from the model element that plays the 'receiver' role of the model element		

[3]

<<GRMcode>>

Dieser Stereotyp zeigt Instanzen von Komponenten, die ausführbaren Code
für logische Elemente berücksichtigen an.

Stereotype	Base Class	Parent	Tags
«GRMcode»	Abstraction	«GRMrealize»	GRMmapping

[3]

Der Tag GRMmapping wird unter GRMrealize noch verwendet und daher hier
noch nicht erklärt.

<<GRMdeploys>>

Dieser Stereotyp wird verwendet um den aktuellen Einbezug von logischen
Elementen zu Ingenieur Elementen anzuzeigen

Stereotype	Base Class	Parent	Tags
«GRMdeploys»	Abstraction	«GRMrealize»	GRMmapping

[3]

Der Tag GRMmapping wird unter GRMrealize noch verwendet und daher hier
noch nicht erklärt.

<<GRMrealize>>

Dieser Stereotyp wird verwendet um Beziehungen zwischen z.B. Klienten und
Versorgern darzustellen.

Stereotype	Base Class	Parent	Tags
«GRMrealize»	Abstraction	«realize»	GRMmapping

[3]

Der Tag GRMmapping wird auch von den vorangegangenen Stereotypen
<<GRMcode>> und <<GRMdeploys>> verwendet.

Tag	Type	Multiplicity	Domain Attribute Name
GRMmapping	GRMmappingString	[0..1]	Realization Mapping::mapping table (see Section 3.2.1.1, "Realization Mappings," on page 3-29).

[3]

<<GRMrelease>>

Dieser Stereotyp wird verwendet, um die Ausführung einer Operation anzuzeigen, die eine Ressource freigibt. Bei diesem Stereotyp ist im Profile for Schedulabitlity, Performance, and, Time vermutlich ein Fehler, da in der Notationsbox der Bezeichner <<GRMAcquire>> verwendet wird.

Stereotype	Base Class	Tags
«GRMacquire»	Stimulus	GRMexclServ
	Message	
	ActionExecution	
	Action	
	Operation	
	Method	
	Method	
	ActionState	
	Transition	
	SubactivityState	

[3]

<<GRMrequires>>

Dieser Stereotyp zeigt die benötigte Umgebung für eine gegebene Anlage von logischen Elementen.

Stereotype	Base Class	Parent	Tags
«GRMrequires»	Abstraction	«GRMrealize»	GRMmapping

[3]

Der Tag GRMmapping wird unter GRMrealize noch verwendet und daher hier nicht erklärt.

Tagged Values:

Die hier beschriebenen Tagged Values können mit den oben genannten
Stereotypen verwendet werden.

> Ein String zwischen doppelten Anführungsstrichen (") ist ein Wort.
> Ein Zeichen in französischen Anführungszeichen (<element>) bedeutet
> ein non-terminal.
> Ein Zeichen in eckigen Klammern ([<element>]) bedeutet ein optionales
> Element eines Ausdrucks.
> Ein Zeichen gefolgt von einem Stern (<element>*) bedeutet eine
> endlose Anzahl von Wiederholungen für dieses Element.
> Ein vertikaler Balken zeigt eine Auswahl an Substitutionen an.

RTtimeModeling

In diesem Abschnitt werden die verschiedenen Stereotypen und Tagged
Values dieser Kategorie des Profiles vorgestellt.

<<RTaction>>

Dieser Stereotyp modelliert irgendeine Aktion die Zeit benötigt.

Stereotype	Base Class	Tags
«RTaction»	ActionExecution	RTstart
	Stimulus	RTend RTduration
	Action	
	Message	
	Method	
	ActionSequence	
	ActionState	
	SubactivityState	
	Transition	
	Operation	
	State	

[3]

Die Tags zu diesem Stereotypen sind:

Tag	Type	Multiplicity	Domain Attribute Name
RTstart	RTtimeValue	[0..1]	TimedAction::start
RTend	RTtimeValue	[0..1]	TimedAction::end
RTduration	RTtimeValue	[0..1]	TimedAction::duration

[3]

<<RTclkInterrupt>>

Dieser Stereotyp modelliert einen Interrupt für eine Uhr

Stereotype	Base Class	Parent	Tags
«RTclkInterrupt»	Stimulus	«RTstimulus»	RTstart (inherited)
	Message		RTend (inherited)

[3]

<<RTclock>>

Dieser Stereotyp modelliert eine Uhr

Stereotype	Base Class	Parent	Tags
«RTclock»	DataValue	«RTtimingMechanism»	RTclockId
	Instance		(see parent for
	Object		others)
	ClassifierRole		
	Classifier		
	DataType		

[3]

Die Tags zu diesem Stereotypen sind:

Tag	Type	Multiplicity
RTclockId	String	[0..1]

[3]

<<RTdelay>>

Dieser Stereotyp modelliert eine reine Verzögerungs-Aktion.

Stereotype	Base Class	Parent	Tags
«RTdelay»	ActionExecution	«RTaction»	RTstart (inherited)
	Stimulus		RTend (inherited)
			RTduration
	Action		(inherited)
	Message		
	Method		
	ActionSequence		
	ActionState		
	SubactivityState		
	Transition		
	State		

[3]

<<RTevent>>

Dieser Stereotyp modelliert einen Event, der zu einer bekannten Zeit eintritt.

Stereotype	Base Class	Tags
«RTevent»	ActionExecution	RTat
	Stimulus	
	Action	
	Message	
	Method	
	ActionSequence	
	ActionState	
	SubactivityState	
	Transition	
	State	

Die Tags zu diesem Stereotypen sind:

Tag	Type	Multiplicity	Domain Attribute Name
RTat	RTtimeValue	[0..*]	TimedEvent::timestamp

[3]

<<RTinterval>>

Dieser Stereotyp modelliert einen Zeitintervall

Stereotype	Base Class	Tags
«RTinterval»	DataValue	RTintStart
	Instance	RTintEnd RTintDuration
	Object	
	DataType	
	Classifier	

[3]

Die Tags zu diesem Stereotypen sind:

Tag	Type	Multiplicity	Domain Attribute Name
RTintStart	RTtimeValue	[0..1]	TimeInterval::start
RTintEnd	RTtimeValue	[0..1]	TimeInterval::end
RTintDuration	RTtimeValue	[0..1]	TimeInterval::duration

[3]

<<RTnewClock>>

Dieser Stereotyp modelliert einen timing Dienst, der eine neue Uhr akquiriert.

Stereotype	Base Class
«RTnew-Clock»	ActionExecution
	Stimulus
	Action
	Message
	Method
	ActionSequence
	ActionState
	SubactivityState
	Transition
	State

[3]

<<RTnewTimer>>

Dieser Stereotyp modelliert den Aufruf einer Operation, eines Zeitdienstes, der einen timer zurückgibt.

Stereotype	Base Class	Tags
«RTnewTimer»	ActionExecution	RTtimerPar
	Stimulus	
	Action	
	Message	
	Method	
	ActionSequence	
	ActionState	
	SubactivityState	
	Transition	
	State	

[3]

Die Tags zu diesem Stereotypen sind:

Tag	Type	Multiplicity	Description
RTtimePar	RTtimeValue	[0..1]	TimingMechanism:: set(time:TimeValue)

[3]

<<RTpause>>

Dieser Stereotyp modelliert den Aufruf einer Pausenoperation auf einen timing Mechanismus.

Stereotype	Base Class
«RTpause»	ActionExecution
	Stimulus
	Action
	Message
	Method
	ActionSequence
	ActionState
	SubactivityState
	Transition
	State

[3]

<<RTreset>>

Dieser Stereotyp modelliert den Aufruf einer Operation, die einen timing Mechanismus resetet.

Stereotype	Base Class
«RTreset»	ActionExecution
	Stimulus
	Action
	Message
	Method
	ActionSequence
	ActionState
	SubactivityState
	Transition
	State

[3]

<<RTset>>

Dieser Stereotyp modelliert den Aufruf auf eine Operation, die einen set auf den aktuellen Wert eines timing Mechanismuses durchführt

Stereotype	Base Class	Tags
«RTset»	ActionExecution	RTtimePar
	Stimulus	
	Action	
	Message	
	Method	
	ActionSequence	
	ActionState	
	SubactivityState	
	Transition	
	State	

[3]

Die Tags zu diesem Stereotypen sind:

Tag	Type	Multiplicity	Description
RTtimePar	RTtimeValue	[0..1]	TimingMechanism:: set(time:TimeValue)

[3]

<<RTstart>>

Dieser Stereotyp modelliert den Aufruf einer Operation die einen Aufruf auf einen timing Mechanismus ausführen kann.

Stereotype	Base Class
«RTstart»	ActionExecution
	Stimulus
	Action
	Message
	Method
	ActionSequence
	ActionState
	SubactivityState
	Transition
	State

[3]

<<RTstimulus>>

Dieser Stereotyp modelliert einen zeitlich angepassten Anstoß.

Stereotype	Base Class	Tags
«RTstimulus»	Stimulus	RTstart RTend
	ActionExecution	
	Action	
	ActionSequence	
	Method	

[3]

Die Tags zu diesem Stereotypen sind:

Tag	Type	Multiplicity	Domain Attribute Name
RTstart	RTtimeValue	[0..1]	TimedStimulus::start
RTend	RTtimeValue	[0..1]	TimedStimulus::end

[3]

<<RTtime>>

Dieser Stereotyp modelliert einen Zeitwert oder -objekt.

Stereotype	Base Class	Tags
«RTtime»	DataValue	RTkind
	Instance	RTrefClk
	Object	
	DataType	
	Classifier	

[3]

Die Tags zu diesem Stereotypen sind:

Tag	Type	Multiplicity	Domain Attribute Name
RTkind	Enumeration of: {'dense', 'discrete'}	[0..1]	TimeValue::kind
RTrefClk	Reference to a model element stereotyped as «RTclock»	[0..1]	TimeValue::referenceClock
	String (value of an Rtclkld tag)		
	String (name of a clock standard)		

[3]

<<RTtimeout>>

Dieser Stereotyp modelliert ein timeout Signal oder eine timeout Aktion.

Stereotype	Base Class	Parent	Tags
«RTimeout»	Stimulus	«RTstimulus»	RTstart (inherited) RTend (inherited)
	ActionExecution		
	Action		
	ActionSequence		
	Method		

[3]

<<RTtimer>>

Dieser Stereotyp modelliert einen timer Mechanismus.

Stereotype	Base Class	Parent	Tags
«RTtimer»	DataValue	RTtimingMechanism	RTduration RTperiodic
	Instance		
	Object		See also parent list
	ClassifierRole		
	Classifier		
	DataType		

[3]

Die Tags zu diesem Stereotypen sind:

Tag	Type	Multiplicity	Domain Attribute Name
RTduration	RTtimeValue	[0..1]	Timer::duration
RTperiodic	Boolean	[0..1]	Timer::isPeriodic

[3]

<<RTtimeService>>

Dieser Stereotyp modelliert einen Zeitdienst.

Stereotype	Base Class
«RTtimeService»	Instance
	Object
	ClassifierRole
	Class

[3]

<<RTtimingMechanism>>

Dieser Stereotyp ist ein abstrakter Stereotyp, der eine gemeinsame Basis für spezialisierte Stereotypen darstellt indem er spezielle timing Mechanismen anbietet. Er ist nicht zum direkten Modellieren gedacht.

Stereotype	Base Class	Tags
«RTtimingMechanism»	DataValue	RTstability
	Instance	RTdrift RTskew
	Object	RTmaxValue RTorigin
	ClassifierRole	RTresolution RToffset
	Classifier	RTaccuracy
	DataType	RTcurrentVal RTrefClk

[3]

Die Tags zu diesem Stereotypen sind:

Tag	Type	Multiplicity	Domain Attribute Name
RTstability	Real	[0..1]	TimingMechanism::stability
RTdrift	Real	[0..1]	TimingMechanism::drift
RTskew	Real	[0..1]	TimingMechanism::skew
RTmaxValue	RTtimeValue	[0..1]	TimingMechanism::maximalValue
RTorigin	String	[0..1]	TimingMechanism::origin
RTresolution	RTtimeValue	[0..1]	TimingMechanism::resolution
RToffset	RTtimeValue	[0..1]	TimingMechanism::offset
RTaccuracy	RTtimeValue	[0..1]	TimingMechanism::accuracy
RTcurrentVal	RTtimeValue	[0..1]	TimingMechanism:currentValue
RTrefClk	Reference to a model element stereotyped as «RTclock»	[0..1]	TimeValue::referenceClock
	String (value of an Rtclkld tag)		
	String (name of a clock standard)		

[3]

Tagged Values:

Die Tagged Values dieses Kapitels sind identisch mit denen aus dem Kapitel RTresourceModeling.

RTconcurrencyModeling

<<CRaction>>

Dieser Stereotyp stellt eine Aktionsausführung im Anwendungsmodell dar.

Stereotype	Base Class	Tags
«CRaction»	Action	CRatomic
	ActionExecution	
	Message	
	Stimulus	
	Method	
	ActionState	
	SubactivityState	
	Transition	
	State	

[3]

Die Tags zu diesem Stereotypen sind:

Tag Name	Tag Type	Multiplicity	Domain Attribute Name
CRatomic	Boolean	[0..1]	ActionExecution::isAtomic

[3]

<<CRasynch>>

Dieser Stereotyp steht für ein Konzept von asynchronen Aufrufen.

Stereotype	Base Class
«CRasynch»	Action
	Operation
	ActionExecution

[3]

<<CRconcurrent>>

Dieser Stereotyp stellt ein gleichlaufendes Einheitenkonzept dar.

Stereotype	Base Class	Tags
«CRconcurrent»	Node	CRmain
	Component	
	Artifact	
	Class	
	Instance	

[3]

Die Tags zu diesem Stereotypen sind:

Tag Name	Tag Type	Multiplicity	Domain Attribute Name
CRmain	A reference to a Method model element.	[0..1]	ConcurrentUnit::main
	A String that contains the full path name of a method.		

[3]

<<CRcontains>>

Dieser Stereotyp stellt einen aus der Standard UML dar. Er wird verwendet um Relationen verschiedener Bereiche zu modellieren die nicht leicht erkennbar sind.

Stereotype	Base Class
«CRcontains»	Usage

[3]

<<CRdeferred>>

Dieser Stereotyp stellt das Konzept eines verzögerten Empfangs dar.

Stereotype	Base Class
«CRdeferred»	Operation
	Reception
	Message
	Stimulus

[3]

<<CRimmediate>>

Dieser Stereotyp stellt das Konzept eines sofortigen Services dar.

Stereotype	Base Class	Tags
«CRimmediate»	Operation	CRthreading
	Reception	
	Message	
	Stimulus	

[3]

Die Tags zu diesem Stereotyp sind:

Tag Name	Tag Type	Multiplicity	Domain Attribute Name
CRthreading	Enumeration: {'remote', 'local'}	[0..1]	ImmediateService::threading

[3]

<<CRmsgQ>>

Dieser Stereotyp stellt das Konzept einer aktiven Warteschlange dar.

Stereotype	Base Class
«CRmsgQ»	Instance
	Object
	Class
	ClassifierRole

[3]

<<CRsynch>>

Dieser Stereotyp stellt das Konzept eines synchronen Aufrufs dar.

Stereotype	Base Class
«CRsynch»	Action
	Operation
	ActionExecution

[3]

SAprofile

<<SAaction>>

Stereotype	Base Class	Parent	Tags
«SAaction»	Action	«RTaction»	SApriority
	ActionExecution	«CRaction»	SAblocking
			SAready
	Message		SAdelay
			SArelease
	Stimulus		SApreempted
			SAworstCase
	Method		SAlaxity
			SAabsDeadline
	ActionState		SArelDeadline
			SAusedResource
	SubactivityState		SAhost
	Transition		

[3]

christian.h.becker@t-online.de

Die Tags für diesen Stereotyp sind:

Tag Name	Tag Type	Multiplicity	Domain Attribute Name
SApriority	Integer	[0..1]	SAction::Priority
SAblocking	RTtimeValue	[0..1]	SAction::Blocking Time
SAdelay	RTtimeValue	[0..1]	SAction::Delay Time
SApreempted	RTtimeValue	[0..1]	SAction::Preempted Time
SAready	RTtimeValue	[0..1]	SAction::Ready Time
SArelease	RTtimeValue	[0..1]	SAction::Release Time
SAworstCase	RTtimeValue	[0..1]	SAction::Worst Case Completion Time
SAabsDeadline	RTtimeValue	[0..1]	SAction::Absolute Deadline
SAlaxity	Enumeration: {'Hard','Soft'}	[0..1]	SAction::Laxity
SArelDeadline	RTtimeValue	[0..1]	SAction::Relative Deadline
SAusedResource	Reference to a model element that is stereotyped as «SAresource»	[0..*]	SAction::usedResources[1]
SAhost	Reference to a model element that is stereotyped as «SAschedRes»	[0..1]	SAaction::host[2]

[3]

<<SAengine>>

Dieser Stereotyp repräsentiert das ausführende Antriebskonzept.

Stereotype	Base Class	Tags
«SAengine»	[1]Classifier	SAschedulingPolicy
		SAaccessPolicy,
	ClassifierRole	SAaccessPolParam
		SArate
	Node	SAcontextSwitch
		SApriorityRange
	Instance	SApreemptible
		SAutilization
	Object	SAscedulable
		SAresources

[3]

Die Tags für diesen Stereotype sind:

Tag Name	Tag Type	Multiplicity	Domain Attribute Name
SAaccessPolicy	Enumeration: ('FIFO', 'PriorityInheritance', 'NoPreemption', 'HighestLockers', 'PriorityCeiling')	[0..1]	Execution Engine::Access Control Policy
SAaccessPolParam	Real	[0..*]	Execution Engine::Access Control Policy (for providing numerical values associated with the access control policy, such as the priority ceiling value)
SAcontextSwitch	RTtimeValue	[0..1]	Execution Engine::Context Switch Time
SAschedulable	Boolean	[0..1]	Execution Engine::isSchedulable
SApreemptible	Boolean	[0..1]	Execution Engine::isPreemptible
SApriorityRange	Integer Range	[0..1]	Execution Engine::Priority Range
SArate	Real	[0..1]	Execution Engine::Processing Rate
SAschedulingPolicy	Enumeration: ('FIFO', 'RateMonotonic', 'DeadlineMonotonic', 'HKL', 'FixedPriority', 'MinimumLaxityFirst', 'MaximizeAccruedUtility', 'MinimumSlackTime')	[0..*]	Execution Engine::Scheduling Policy
SAutilization	Percentage (Real)	[0..1]	Execution Engine::Utilization
SAresources	Reference to an element stereotyped as «SAresource»	[0..*]	Execution Engine::ownedResources[1]

[3]

<<SAowns>>

Dieser Stereotyp stellt dar welche Ressource von welchem Antrieb verwendet wird. Dies stimmt mit der „ownedResources" rolle in der Assoziation „ExecutionEngine" und „SResource" überein.

Stereotype	Base Class	Parent
«SAowns»	Abstraction	«GRMrealize»

[3]

<<SAprecedes>>

Dieser Stereotyp wird verwendet um das Verhältnis zwischen Aktionen und Triggern darzustellen.

Stereotype	Base Class
«SAprecedes»	Usage

[3]

<<SAresource>>

Dieser Stereotyp stellt eine Ressource dar.

Stereotype	Base Class	Tags
«SAresource»	Classifier	SAaccessControl,
	ClassifierRole	SAaccessCtrlParam SAconsumable,
	Instance	SAcapacity, SAacquistion,
	Node	SAdeacquisition, SAptyCeiling
	Object	SApreemptible

[3]

Die Tags zu diesem Stereotypen sind:

Tag Name	Tag Type	Multiplicity	Domain Attribute Name
SAacquisition	RTtimeValue	[0..1]	SResource::Acquisition Time
SAcapacity	Integer	[0..1]	SResource::Capacity
SAdeacquisition	RTtimeValue	[0..1]	SResource::Deacquisition Time
SAconsumable	Boolean	[0..1]	SResource::Consumable
SAaccessControl	Enumeration: {'FIFO', 'PriorityInheritance', 'NoPreemption', 'HighestLockers', 'PriorityCeiling'}	[0..1]	SResource::Access Control Policy
SAaccessCtrlParam	Real	[0..*]	SResource::Access Control Policy (for providing numerical values associated with the access control policy, such as the priority ceiling value)
SAptyCeiling	Integer	[0..1]	SResource::Priority Ceiling
SApreemptible	Boolean	[0..1]	SResource::isPreemptible

[3]

<<SAresponse>>

Dieser Stereotyp stellt das Antwortkonzept dar.

Stereotype	Base Class	Parent	Tags
«SAresponse»	ActionExecution	«SAaction»	SAutilization
	Action		SAspare SAslack
	Method		SAoverlaps
	Transition		
	ActionState		
	SubactivityState		

[3]

Die Tags zu diesem Stereotypen sind:

Tag Name	Tag Type	Multiplicity	Domain Attribute Name
SAutilization	Real (percentage)	[0..1]	Response::Utilization
SAspare	RTtimeValue	[0..1]	Response::Spare Capacity
SAslack	RTtimeValue	[0..1]	Response::Slack Time
SAoverlaps	Integer	[0..1]	Response::Overlaps

[3]

<<SAschedRes>>

Dieser Stereotyp stellt planbare Ressourcen dar.

Stereotype	Base Class	Parent
«SAschedRes»	Classifier	«SAresource»
	ClassifierRole	
	Instance	
	Object	
	Node	

[3]

<<SAscheduler>>

Dieser Stereotyp stellt einen Planer (scheduler) dar.

Stereotype	Base Class	Tags
«SAscheduler»	Classifier	SAschedulingPolicy
	ClassifierRole	SAexecutionEngine
	Instance	
	Object	

[3]

Die Tags zu diesem Stereotypen sind:

Tag Name	Tag Type	Multiplicity	Domain Attribute Name
SAexecutionEngine	Reference to a model element stereotyped as «SAengine»	[0..1]	Scheduler::executionEngine
SAschedulingPolicy	see definition of the similarly named tag in: "«SAengine»" on page 6-17	[0..1]	Scheduler::schedulingMechanism

[3]

<<SAsituation>>

Dieser Stereotyp kann für Modellanalyse verwendet werden. Er zeigt eine Echtzeitsituation an.

Stereotype	Base Class
«SAsituation»	Collaboration
	CollaborationInstance
	ActivityGraph

[3]

<<SAtrigger>>

Dieser Stereotyp stellt einen Trigger dar.

Stereotype	Base Class	Tags
«SAtrigger»	Message	SAschedulable
	Stimulus	SAendToEnd
		SAprecedents
		SAoccurrence

[3]

Die Tags zu diesem Stereotypen sind:

Tag Name	Tag Type	Multiplicity	Domain Attribute Name
SAendToEnd	RTtimeString	[0..1]	Trigger::endToEndTime
SAschedulable	Boolean	[0..1]	Trigger::isSchedulable
SAprecedents	Reference to a model element stereotyped as «SAaction»	[0..*]	Trigger::precedents[1]
SAoccurrence	RTarrivalPattern	[0..1]	Trigger::occurrence Pattern

[3]

<<SAusedHost>>

Dieser Stereotyp stellt dar welche planbare Ressource eine Aktion benötigt, um ausgeführt zu werden.

Stereotype	Base Class
«SAusedHost»	Usage

[3]

<<SAuses>>

Dieser Stereotyp wird verwendet um anzuzeigen welche geteilte Ressource eine Aktion benötigt um ausgeführt zu werden.

Stereotype	Base Class
«SAuses»	Usage

[3]

PAprofile

<<PAclosedLoad>>

Dieser Prototyp stellt eine volle Auslastung dar.

Stereotype	Base Class	Tags
«PAclosedLoad»	Message	PArespTime
	Stimulus	PApriority PApopulation
	Action State	PAextDelay
	SubactivityState	
	Action	
	ActionExecution	
	Operation	
	Method	
	Reception	

[3]

Die Tags zu diesem Stereotypen sind:

Tag	Type	Multiplicity	Domain Attribute Name
PArespTime	PAperfValue	[0..*]	Workload::responseTime
PApriority	Integer	[0..1]	Workload::priority
PAoccurrence	RTarrivalPattern	[0..1]	OpenWorkload::population

[3]

<<PAcontext>>

Dieser Stereotyp stellt einen Kontext zur Performance Analyse dar

Stereotype	Base Class
«PAcontext»	Collaboration
	CollaborationInstanceSet
	ActivityGraph

[3]

<<PAhost>>

Dieser Stereotyp modelliert eine arbeitende Ressource.

Stereotype	Base Class	Tags
«PAhost»	Classifier	PAutilization
	Node	PAschdPolicy PArate
	ClassifierRole	PActxtSwT PAprioRange
	Instance	PApreemptable PAthroughput
	Partition	

[3]

Die Tags zu diesem Stereotypen sind:

Tag	Type	Multiplicity	Domain Attribute Name
PAutilization	Real	[0..*]	Resource::utilization
PAschdPolicy	Enumeration: {'FIFO', 'HeadOfLine', 'PreemptResume', 'ProcSharing', 'PrioProcSharing', 'LIFO'}	[0..1]	ProcessingResource::schedulingPolicy
PArate	Real	[0..1]	ProcessingResource::processingRate
PActxtSwT	PAperfValue	[0..1]	ProcessingResource::contextSwitchTime
PAprioRange	Integer range	[0..1]	ProcessingResource::priorityRange
PApreemptable	Boolean	[0..1]	ProcessingResource::isPreemptable
PAthroughput	Real	[0..1]	Resource::throughput

[3]

<<PAopenLoad>>

Dieser Stereotyp stellt freie Auslastung dar. Hier ist im Profile for Schedulability, Performance, and Time anscheinend ein Fehler, da in der Tabelle <<PAclosedLoad>> steht obwohl es <<PAopenLoad>> sein müsste.

Stereotype	Base Class	Tags
«PAclosedLoad»	Message	PArespTime
	Stimulus	PApriority
		PAoccurrence
	Action State	
	SubactivityState	
	Action	
	ActionExecution	
	Operation	
	Method	
	Reception	

[3]

Die Tags zu diesem Stereotypen sind:

Tag	Type	Multiplicity	Domain Attribute Name
PArespTime	PAperfValue	[0..*]	Workload::responseTime
PApriority	Integer	[0..1]	Workload::priority
PAoccurrence	RTarrivalPattern	[0..1]	OpenWorkload::population

[3]

<<PAresource>>

Dieser Stereotyp stellt eine passive Ressource dar.

Stereotype	Base Class	Tags
«PAresource»	Classifier	PAutilization
		PAschdPolicy
	Node	PAschdParam
	ClassifierRole	PAcapacity
		PAaxTime
	Instance	PArespTime
		PAwaitTime
	Partition	PAthroughput

[3]

Die Tags zu diesem Stereotypen sind:

Tag	Type	Multiplicity	Domain Attribute Name
PAutilization	Real	[0..*]	Resource::utilization
PAschdPolicy	Enumeration: {'FIFO', 'HeadOfLine', 'PreemptResume', 'ProcSharing', 'PrioProcSharing', 'LIFO'}	[0..1]	ProcessingResource::schedulingPolicy
PArate	Real	[0..1]	ProcessingResource::processingRate
PActxtSwT	PAperfValue	[0..1]	ProcessingResource::contextSwitchTime
PAprioRange	Integer range	[0..1]	ProcessingResource::priorityRange
PApreemptable	Boolean	[0..1]	ProcessingResource::isPreemptable
PAthroughput	Real	[0..1]	Resource::throughput
PAcapacity	Integer	[0..1]	PassiveResource::capacity
PAaxTime	PAperfValue	[0..n]	PassiveResource::accessTime
PArespTime	PAperfValue	[0..n]	PassiveResource::responseTime
PAwaitTime	PAperfValue	[0..n]	PassiveResource::waitTime
PAthroughput	Real	[0..1]	Resource::throughput

[3]

<<PAstep>>

Dieser Stereotyp stellt einen Schritt im Leistungsanalyseszenario dar.

Stereotype	Base Class	Tags
«PAstep»	Message	PAdemand
	Stimulus	PArespTime PAprob
	Action State	PArep PAdelay
	SubactivityState	PAextOp PAinterval

[3]

Die Tags zu diesem Stereotypen sind:

Tag	Type	Multiplicity	Domain Attribute Name
PAdemand	PAperfValue	[0..*]	Step::hostExecutionDemand
PArespTime	PAperfValue	[0..*]	Step::responseTime
PAprob	Real	[0..1]	Step::probability
PArep	Integer	[0..1]	Step::repetition
PAdelay	PAperfValue	[0..*]	Step::delay
PAextOp	PAextOpValue	[0..*]	Step::operations
PAinterval	PAperfValue	[0..*]	Step::interval

[3]

Tagged Values:

Die Tagged Values dieses Kapitels sind identisch mit denen aus dem Kapitel RTresourceModeling.

RSAprofile

<<RSAchannel>>

Dieser Stereotyp zeigt ein RT CORBA Konzept dar.

Stereotype	Base Class	Parents	Tags
«RSAchannel»	Classifier	«SAengine»	RSAschedulingPolicy
	ClassifierRole		RSAaverageLatency
	Instance		
	Object		
	Node		

[3]

Die Tags zu diesem Stereotypen sind:

Tag Name	Tag Type	Multiplicity	Domain Attribute Name
RSAschedulingPolicy	Enumeration: {'FIFO', 'RateMonotonic', 'DeadlineMonotonic', 'HKL', 'FixedPriority', 'MinimumLaxityFirst', 'MaximizeAccruedUtility', 'MinimumSlackTime'}	[0..1]	RTCchannel::schedulingPolicy
RSAaverageLatency	RTtimeValue	[0..1]	RTCchannel::averagelatency

<<RSAclient>>

Dieser Stereotyp stellt einen RT CORBA Klienten dar.

Stereotype	Base Class	Parents	Tags
«RSAclient»	Classifier ClassifierRole Instance Object Node	«SAschedRes	RSAtimeout RSAclPrio RSAprivate RSAhost

[3]

Die Tags zu diesem Stereotypen sind:

Tag Name	Tag Type	Multiplicity	Domain Attribute Name
RSAtimeout	RTtimeValue	[0..1]	RTCclient::timeout
RSAclPrio	Integer	[0..1]	RTCclient::clientPriority
RSAprivate	Boolean	[0..1]	RTCclient::private
RSAhost	Reference to an element sterotyped as «RSAorb»	[0..1]	RTCclient::host

[3]

<<RSAconnection>>

Dieser Stereotyp stellt ein RT CORBA Verbindungskonzept dar.

Stereotype	Base Class	Parents	Tags
«RSAconnection»	Classifier ClassifierRole Instance Object Node	«SAschedRe» «SAResource»	SAAccessControl RSAshared RSAhiPrio RSAhost RSAloPrio RSAserver

[3]

Die Tags zu diesem Stereotypen sind:
SAAccessControl ist vermutlich ein Druckfehler und sollte eigentlich
RSAaccessControl heißen.

Tag Name	Tag Type	Multiplicity	Domain Attribute Name
SAAccessControl	Enumeration of: {PriorityInheritance, DistributedPriorityCeiling}	[0..1]	RTCconnection::Access Control Policy
RSAshared	Boolean	[0..1]	RTCconnection::isShared
RSAhiPrio	Integer	[0..1]	RTCconnection::hiPriority
RSAhost	Reference to an element stereotyped as «RSAchannel»	[0..1]	RTCconnection::host
RSAloPrio	Integer	[0..1]	RTCconnection::loPriority
RSAserver	Reference to an element sterotyped as «RSAserver»	[0..1]	RTCconnection::server

[3]

<<RSAmutex>>

Dieser Stereotyp stellt ein RT CORBA Mutex Konzept dar.

Stereotype	Base Class	Parents	Tags
«RSAmutex»	Classifier	«SAResource»	SAAccessControl RSAhost
	ClassifierRole		
	Instance		
	Object		
	Node		

[3]

Die Tags zu diesem Stereotypen sind:
SAAccessControl ist vermutlich ein Druckfehler und sollte eigentlich
RSAaccessControl heißen.

Tag Name	Tag Type	Multiplicity	Domain Attribute Name
SAAccessControl	Enumeration of: {'PriorityInheritance', DistributedPriorityCeiling}	[0..1]	RTCmutex::Access Control Policy
RSAhost	Reference to an element stereotyped as «RSAorb»	[0..1]	RTCmutex::rTCorb

[3]

<<RSAorb>>

Dieser Stereotyp stellt ein RT CORBA Orb Konzept dar.

Stereotype	Base Class	Parents	Tags
«RSAorb»	[1]Classifier	«SAEngine»	SASchedulingPolicy
	ClassifierRole		
	Instance		
	Object		
	Node		

[3]

Die Tags zu diesem Stereotypen sind:

Tag Name	Tag Type	Multiplicity	Domain Attribute Name
SASchedulingPolicy	(see "«SAengine»" on page 6-17)	[0..1]	Execution Engine::SchedulingPolicy

[3]

<<RSAserver>>

Dieser Stereotyp stellt einen RT CORBA Server dar.

Stereotype	Base Class	Parents	Tags
«RSAserver»	Classifier	«SAResource»	RSAsrvPrio SACapacity
	ClassifierRole		
	Instance		
	Object		
	Node		

[3]

Die Tags zu diesem Stereotypen sind:

Tag Name	Tag Type	Multiplicity	Domain Attribute Name
RSAsrvPrio	Integer	[0..1]	RTCserver::serverPriority
SACapacity	Integer	[0..1]	RTCserver::Capacity

[3]

Quellenangabe:

Alle mit der [0] versehenen Bilder sind von Sven Bauer oder Christian H. Becker selbst erzeugt.

[1] UML 2.0 Superstructure Specification

[2] http://www.visek.de UML-RT

[3] UML Profile for Schedulability, Performance, and Time Specification

[4] Modeling SW-Architectures using UML-RT/UML 2.0 von I. H. Krueger vom Department of Computer Science & Engineering

http://www.omg.org

OMG Unified Modeling Language Specification ver. 1.5

UML 2.0 Infrastructue Specification

Unified Modeling Language: Diagram Interchange ver. 2.0

Bernd Oestereich: Objektorientierte Softwareentwicklung, Oldenbourg

Modellieren mit UML von Andreas Deyhle

UML 2.0: Alles wird gut? von B. Oestereich u. T. Weilkiens

Real-time Systems and the UML von M. Björkander von Telelogic

UML RT und Echtzeit Modellierung von W. Pauls

UML 2.0 Notationsübersicht von oose.de

Tim Weilkiens Abendvortrag über Analyse & Design für Systeme'Objektorientiertes System Engineering' von oose.de Skript eines Abendvortrages von Oose.de

Real-Time Systems, Objects, and the UML von Bran Selic

Using UML for Complex Real Time System Architectures

UML RT und Echtzeit Modellierung

www.ingramcontent.com/pod-product-compliance
Lightning Source LLC
La Vergne TN
LVHW092355060326
832902LV00008B/1056